Heiße Spur in München

Stefanie Wülfing

Heiße Spur in München

Deutsch als Fremdsprache

Ernst Klett Sprachen
Stuttgart

Stefanie Wülfing

Heiße Spur in München

1. Auflage   1 ³ ² | 2013 12

Alle Drucke dieser Auflage sind unverändert und können im Unterricht nebeneinander verwendet werden. Die letzte Zahl bezeichnet das Jahr des Druckes. Das Werk und seine Teile sind urheberrechtlich geschützt. Jede Nutzung in anderen als den gesetzlich zugelassenen Fällen bedarf der vorherigen schriftlichen Einwilligung des Verlags. Hinweis zu § 52 a UrhG: Weder das Werk noch seine Teile dürfen ohne eine solche Einwilligung eingescannt und in ein Netzwerk eingestellt werden. Dies gilt auch für Intranets von Schulen und sonstigen Bildungseinrichtungen. Fotomechanische oder andere Wiedergabeverfahren nur mit Genehmigung des Verlags

© Ernst Klett Sprachen GmbH, Rotebühlstraße 77, 70178 Stuttgart 2009.
Alle Rechte vorbehalten.
Das Werk und seine Teile sind urheberrechtlich geschützt. Jede Nutzung in anderen als den gesetzlich zugelassenen Fällen bedarf der vorherigen schriftlichen Einwilligung des Verlags. Hinweis zu § 52 a UrhG: Weder das Werk noch seine Teile dürfen ohne eine solche Einwilligung eingescannt und in ein Netzwerk eingestellt werden. Dies gilt auch für Intranets von Schulen und sonstige Bildungseinrichtungen. Fotomechanische oder andere Wiedergabeverfahren nur mit Genehmigung des Verlags.

www.klett.de
www.lektueren.com

Redaktion: Jutta Klumpp-Stempfle
Layoutkonzeption: Elmar Feuerbach
Zeichnungen: Sepp Buchegger, Tübingen
Gestaltung und Satz: Swabianmedia, Stuttgart
Umschlaggestaltung: Elmar Feuerbach
Titelbild: DeVice, Fotolia LLC, New York
Druck und Bindung: AZ Druck und Datentechnik GmbH, Heisinger Straße 16, 87437 Kempten/Allgäu
Printed in Germany

Tonregie und Schnitt: Ton in Ton Medienhaus, Stuttgart
Sprecherin: Dorothea Baltzer

ISBN 978-3-12-556012-3

Inhalt

Stadtplan (Ausschnitt) ... 6
Personen ... 7
Kapitel 1 ... 8
Kapitel 2 ... 14
Kapitel 3 ... 21
Kapitel 4 ... 24
Kapitel 5 ... 27
Kapitel 6 ... 29
Kapitel 7 ... 31
Kapitel 8 ... 32
So sagt man in München ... 35
Das gibt es bei uns! ... 36
Fragen und Aufgaben zu den einzelnen Kapiteln ... 38
Fragen und Aufgaben zum gesamten Text ... 46
Lösungen ... 47
Bildquellen ... 48

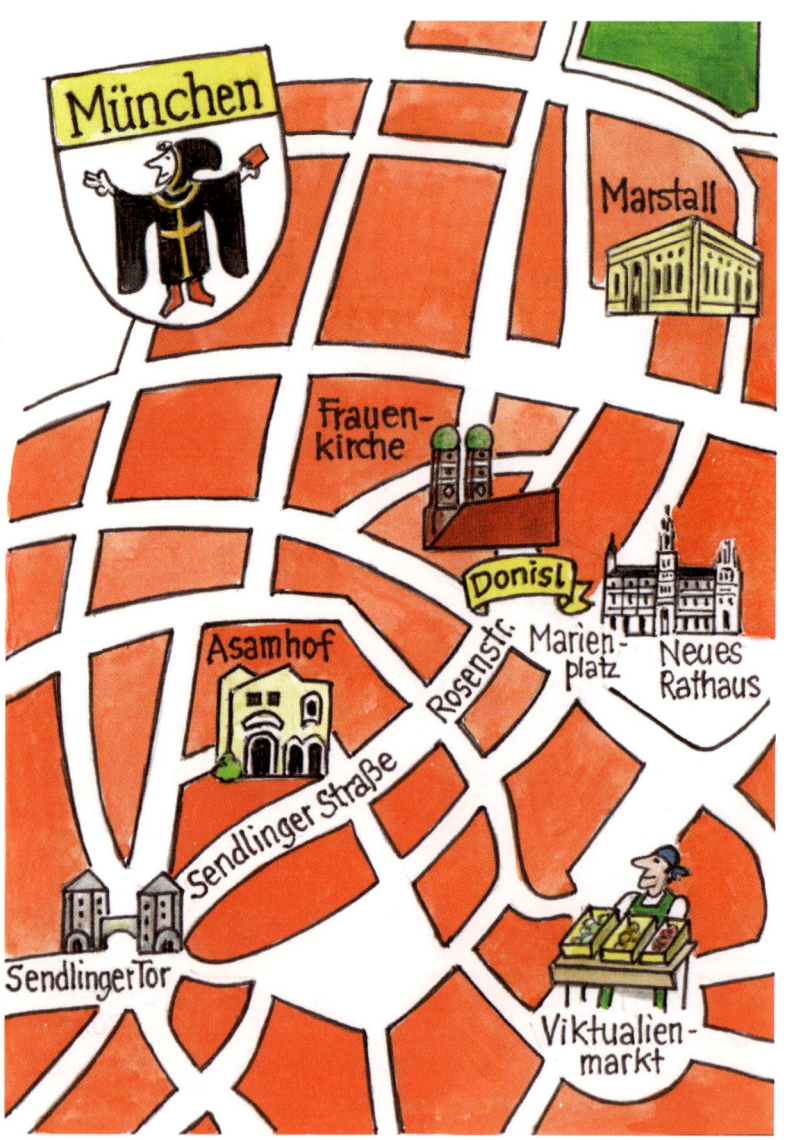

Personen

Paola Morena, 28 Jahre alt, Italienerin, lebt in Rom und arbeitet als Fotografin. Seit zwei Jahren ist sie die Freundin von Karl Knudsen. Leider können die beiden nur wenig Zeit miteinander verbringen.

Karl Knudsen, 36 Jahre alt, Polizeikommissar. Er ist sehr ruhig und gemütlich. Wegen Paola ist Karl von Norddeutschland nach München umgezogen. So wohnt er ein wenig näher bei ihr. Karl mag München, hat aber noch viele Probleme mit dem Dialekt.

Georg Edermeister, 31 Jahre, Kollege von Karl. Er hilft Karl dabei, sich an seinem neuen Arbeitsplatz und in München wohlzufühlen.

‚Kräuterfrau' (‚Kräuterweiberl'), ca. 70 Jahre alt. Eine Marktfrau, die jeden Tag auf dem Viktualienmarkt steht. Jeder kennt sie, aber niemand weiß, wer sie ist.

Viktualienmarkt

1

Herzschlagen - heartbeat

„Und hier <u>schlägt</u> das <u>Herz</u> von *München*!" Georg Edermeister steht mitten auf dem *Viktualienmarkt* und breitet seine Arme aus. Um ihn herum sind Marktstände mit vielen Waren: Obst, Gemüse, Käse, Brote, Marmeladen … Nur wenige Menschen sind heute unterwegs.
5 Sie laufen schnell hin und her, um einzukaufen. Es ist November und der Wind <u>weht</u> kalt über den Marktplatz. Der Himmel sieht aus, als ob es bald schneien würde.

weht - blows

2 **ausbreiten** die Arme nach links und rechts ausstrecken – 3 **der Marktstand, -stände** ein Tisch mit Waren auf dem Markt

„Das Wort ‚Viktualie' ist ein altes Wort für ‚Lebensmittel'. Tja, und hier kann man fast alles kaufen, was man zum Leben braucht", erklärt Georg.

Als er sich zu seinem ‚Publikum' umdreht, muss er lachen. Da steht sein neuer Kollege Karl Knudsen, die Schultern bis zu den Ohren hochgezogen und seine kleine, zierliche Freundin Paola aus Italien mit einer dicken Mütze auf dem Kopf und einem Schal um den Hals.

„Eine Stadtbesichtigung ist heute keine gute Idee, oder?"

„Gibt es hier in der Nähe vielleicht ein Wirtshaus?", fragt Karl mit leuchtenden Augen.

„Mensch Karl!", ruft Paola lachend. „Der Markt ist so wunderschön … ich muss unbedingt noch ein paar Fotos machen!" Sie läuft los.

Karl rollt mit den Augen und zieht seine Schultern noch ein bisschen höher. Er <u>friert</u> sehr. Die beiden Männer gehen hinter Paola her.

„Georg, was sind das für Brunnen hier?", fragt sie neugierig.

„Das sind kleine Gedenkbrunnen."
Paola macht Fotos von den Figuren, die oben auf den sechs Brunnen stehen. „Wer ist denn das?", fragt sie nach hinten über die Schulter.

„Das sind wichtige Personen aus *München*", erklärt Georg. „Das da ist zum Beispiel der Komiker Karl Valentin."

„Und die Frau dort drüben …?" Georg und Paola gehen weiter.

6 sich umdrehen den Körper drehen – **10 hochgezogen** → **hochziehen** nach oben ziehen – **11 zierlich** sehr schlank – **13 die Stadtbesichtigung** ein Spaziergang durch die Stadt, bei dem man sich die Stadt anschaut – **15 leuchten** *hier:* man sieht die Freude in seinen Augen

Karl hört nicht mehr zu und bleibt stehen. Ihm ist kalt. Er stellt sich unter das Dach eines Marktstandes.
„Endlich kein Wind mehr!", denkt er.
Paola macht ein Foto nach dem anderen.
5 „Seit wann gibt es diesen Markt eigentlich?", fragt sie Georg.
„Seit dem 19. Jahrhundert … und hier sollte das Einkaufen auch gemütlich sein … so baute man die Brunnen, pflanzte Bäume und stellte Bänke und Tische auf. Wer hier einkaufte oder arbeitete, konnte dort auch seine
10 Brotzeit machen."

„Brotzeit, was bedeutet das denn?" Paola nimmt die Kamera herunter und dreht sich zu Georg um.
15 „Hm, … das ist bei uns eine Zwischenmahlzeit mit … Ach, probier sie am besten einfach selbst!"
„Ja, gute Idee! Das ist sicher auch etwas für … Sag mal, wo ist Karl
20 eigentlich?"
„Bitt' schön?" Karl erschrickt, als er die laute Stimme hinter sich hört.
Er dreht sich schnell um und schaut direkt in 
25 das runde Gesicht einer Marktfrau. „Ich … hm …, wollte nur …"
„Wenn'S nur rumstehn wolln …, dann gehn'S
30 wenigstns auf'd Seitn."
Karl schaut die Marktfrau mit großen Augen an. Er versteht kein Wort. Auf einmal sind Georg und Paola neben ihm.

7 **pflanzen** Samen oder eine kleine Pflanze in die Erde stecken, damit sie dort wächst – 21 **Bitt' schön?** *in München für* Bitte schön? *Hier:* Was hätten Sie gern? – 28 **Wenn'S nur rumstehn wolln, dann gehn'S wenigstns auf'd Seitn** *in M. f.* Wenn Sie nur herumstehen wollen, dann gehen Sie wenigstens auf die Seite.

„Basst scho!", ruft Georg der Frau zu. Aber sie redet schon mit einem anderen Kunden und hört ihn nicht.

„Jetzt lasst uns endlich in ein Wirtshaus gehen!", meint Karl etwas genervt.

„Geht schon mal vor. Ich mache schnell noch ein Foto." Paola ist mit zwei, drei Schritten schon wieder zwischen den Marktständen.

Plötzlich sieht sie eine alte Frau. Sie trägt ein grünes Kopftuch und einen dicken, grünen Mantel. Unter dem Mantel schauen viele bunte Röcke hervor. Um die Frau herum stehen große Körbe, in denen kleine Tütchen mit bunten Kräutern liegen. Paola bleibt fasziniert stehen.

„Man könnte glauben, die Marktfrau kommt noch aus dem 19. Jahrhundert", denkt sie.

„Darf ich Sie fotografieren?", ruft sie der Frau zu.

Sie sieht Paola etwas erschrocken an. „Hm … nein … vielleicht ein anderes Mal … Heute ist es zu kalt …", antwortet sie leise mit einer hohen Stimme.

„Wie alt sie wohl ist? 65? 70 oder …? Irgendwie sieht sie sehr traurig aus", überlegt Paola und geht zu der alten ‚Kräuterfrau' hin.

Kräuterstand auf dem Viktualienmarkt

---

1 **Basst scho.** *in M. f.* Das ist in Ordnung. – 4 **genervt** *hier*: ärgerlich – 15 **Kräuter** *(Pl.) hier:* aus getrockneten Pflanzen, werden als Gewürz verwendet

„Ich hätte gern eine Tüte Oregano und … haben Sie auch Kräuter für Bruschetta? Das ist …"
„Ja, ich weiß, das ist Brot mit Tomaten und Kräutern obendrauf. Das isst man in …"
5 „… bei uns in Italien", Paola unterbricht die Frau und lacht.
„Sind Sie zu Besuch hier in *München*?", fragt die ‚Kräuterfrau'.
„Ja, ich besuche meinen Freund. Er wohnt seit zwei Monaten hier."
Die alte Frau überlegt. „Hm, da habe ich vielleicht noch etwas für
10 Sie. Das ist eine ganz besondere Kräutermischung, original bayrisch. Möchten Sie probieren?" Sie holt eine kleine Tüte ohne Etikett aus der Tasche ihres Mantels.
„Was ist denn da drin?", fragt Paola und runzelt die Stirn.
„Oh … Kräuter hier aus der Region … manche wirken wie Medizin
15 …", antwortet die Frau.
Paola ist neugierig. „Ob Karl diese bayrischen Kräuter wohl kennt?", überlegt sie.
„Paola! Komm endlich!", ruft Karl. Georg und Karl stehen auf der anderen Seite des *Viktualienmarktes* und winken.
20 „Gut, ich probiere die Kräuter. Wie viel macht das?"
Die alte Frau strahlt. „Das macht 35 Euro."
„Was? 35 Euro für ein Päckchen Oregano, Bruschetta-Gewürz und Ihre bayrischen Kräuter! Das ist aber sehr teuer!",
25 ruft Paola.

„Ja, diese bayrischen Kräuter sind etwas ganz Besonderes, die Pflanzen sind sehr selten … Und
30 gute Qualität hat eben ihren Preis! Aber wenn Sie nicht wollen …", sagt die alte Frau mit fester Stimme.

10 **bay(e)risch** aus Bayern – 11 **das Etikett** kleines Schild – 19 **winken** Zeichen mit der Hand machen – 21 **strahlen** *hier:* aus vollem Herzen breit lächeln

„Schon o.k., ich nehme die Kräuter. Hoffentlich sind sie auch so gut, wie Sie sagen!" Paola nimmt das Geld aus ihrem Portemonnaie.
„Ganz bestimmt ... und die Kräuter sind sehr stark. Sie brauchen immer nur wenig davon zu nehmen."
5 Neben Paola steht schon ein anderer Kunde und wartet. Es ist ein alter Mann mit grauen, lockigen Haaren.
„Paola, jetzt komm ...!", ruft Karl.

Marienplatz mit Mariensäule und Neuem Rathaus

 **2**

„Na, da bist du ja endlich! Georg kennt ein gutes Wirtshaus. Es ist gleich hier in der Nähe", sagt Karl zu Paola.
Die beiden Männer gehen sehr schnell mit großen Schritten voraus. Paola läuft hinterher. „Wohin gehen wir denn?"
5 Georg dreht sich um. „Zum ‚Donisl' am *Marienplatz*."
Auf dem Platz stehen viele Menschen. Georg freut sich. „Oh, wir haben Glück! Es ist gleich 12 Uhr. Dann gibt es das Glockenspiel. Das müsst ihr sehen! Kommt wir müssen weiter nach vorne …"
Er drängelt sich mit den beiden durch die Menschenmasse. Als sie
10 direkt vor dem *Neuen Rathaus* stehen, ist es gerade zwölf. Man hört

7 Glockenspiel *siehe Seite 36* – **9 drängeln** *andere Menschen leicht beiseite schieben*

Glockenmusik. Mal ist die Musik lauter, mal ist sie leiser. Und oben kann man Figuren aus Holz sehen, die sich bewegen. Zwei reiten auf Pferden …

„Das ist ja toll!", ruft Paola. Plötzlich hört man eine andere Musik und auf einer anderen Etage drehen sich Holzfiguren in bunten Kostümen. Sie tanzen.

„Ah, das ist wohl eine Feier!", meint Karl. „Und nach dem Tanz gehen dann alle in ein Wirtshaus, wo es warm ist und man etwas essen kann, oder?"

„Na, du kannst es wohl kaum erwarten!", sagt Georg zu Karl und lacht. „Also kommt, das Wirtshaus ist gleich neben dem Rathaus."

Die drei drängeln sich wieder durch die Menschenmasse.

„Die Figuren sind ‚Schäffler'. Das sind Personen, die Fässer für Bier und Wein gemacht haben. Nach der Pest in *München* haben sie damals als Erste wieder draußen getanzt", erklärt Georg.

Plötzlich stehen sie vor einer breiten, dunklen Holztür.

Georg öffnet die Tür mit Schwung.

„Bitt' schön!", sagt er. Paola und Karl gehen hinein.

Es ist sehr voll. Aber zum Glück ist noch ein kleiner Tisch frei und die drei setzen sich schnell. Da klingelt Georgs Handy. Er dreht sich vom Tisch weg, um besser zu hören. Karl blättert fröhlich in der Speisekarte. Er hat jetzt sehr gute Laune.

19 **die Pest** tödliche Krankheit, *hier:* von 1515-1517 in München − 24 **der Schwung** eine Bewegung mit großem Tempo und Kraft

„Was gibt es denn hier Typisches zu essen?", fragt Paola.
„Probier doch mal die Weißwürste mit süßem Senf und einer Brezel, das schmeckt lecker", schlägt Karl vor.
„Ja, gut! Und dazu trinke ich ein Bier."
5 Georg dreht sich wieder zum Tisch und steckt sein Handy in die Tasche.
„Entschuldigt bitte, aber ich muss sofort los", sagt er und steht auf. „Wir arbeiten gerade an einem neuen Fall, und es gibt erste Ergebnisse aus dem Labor."
10 „Soll ich auch mitkommen?", fragt Karl.
„Nein, iss in Ruhe, aber komm doch nachher noch mal ins Präsidium."
Karl nickt. „In Ordnung. Bis dann!"
„Servus! Und guten Appetit!" Georg verlässt schnell das Lokal.

15 Eine ältere Frau mit einem grünen Dirndl und einer weißen Schürze kommt an den Tisch. „Bitt' schön, wos hätten'S gern?"

---

9 **das Labor** Raum, in dem Untersuchungen (wissenschaftlich oder medizinisch) gemacht werden – 12 **das Präsidium** die Polizeizentrale – 14 **Servus!** *in M. f.* Tschüss! Auf Wiedersehen! – 15 **das Dirndl** traditionelle bayrische Kleidung für Frauen – 16 **Wos hätten'S gern?** *in M. f.* Was möchten Sie essen?

Karl und Paola schauen sich an. Paola kichert.
"Wos is'n so lustig?", fragt die Kellnerin.

"Entschuldigen Sie, wir sprechen kein Bayrisch und unser ‚Dolmetscher' ist gerade gegangen."
Karl hält die Karte hoch und zeigt auf die Fotos.
"Wir hätten gerne zweimal die Weißwürste mit süßem Senf und Brezeln. Und zwei Bier."
"Danke. Kimmt glei."
Zehn Minuten später stehen die heißen Würste auf dem Tisch. Karl und Paola sind begeistert.
"Was sind denn das für Kräuter in der Wurst?", fragt Paola.
"Also, was du alles wissen willst! Vielleicht Petersilie …?"
"Ach Karl, da fällt mir etwas ein!" Paola legt das Tütchen mit den bayrischen Kräutern auf den Tisch.
"Also diese ‚Kräuterfrau' war irgendwie seltsam …"
Karl hört aufmerksam zu. Er hat die Frau auch schon gesehen.
"Sie ist wohl immer auf dem *Viktualienmarkt*, aber keiner kennt ihren Namen", meint er.
Karl öffnet die kleine Tüte. "Hm … die Kräuter riechen sehr intensiv und … süßlich. Ich weiß wirklich nicht, was das sein soll. Was hast du denn dafür bezahlt, Paola?"

2 **kichern** leise und mit hoher Stimme lachen – 3 **Wos is'n so lustig?** *in M. f.* Was ist denn so komisch? – 7 **der Dolmetscher** der Übersetzer – 13 **Kimmt glei.** *in M. f.* Kommt sofort. – 15 **begeistert** *hier:* es schmeckt ihnen sehr gut

„35 Euro für dieses Päckchen hier und noch zwei andere Krautertütchen."
„Mensch, das ist aber teuer … na ja, bei Touristen …", sagt Karl ärgerlich.
„Hm … mit dem Kauf habe ich wohl einen Fehler gemacht?" Paola sieht plötzlich etwas traurig aus.
Karl steckt seine Nase noch mal in das Tütchen. „Na, vielleicht passen die Kräuter ja ganz toll zu Steaks oder …", muntert er seine Freundin Paola auf.
Sie lächelt schon wieder. „Du Karl, was wollen wir denn heute Nachmittag machen?"
„Tut mir leid Paola, aber ich muss noch mal ins Präsidium. Du hast ja gehört, was Georg vorher gesagt hat. Vielleicht gehst du in die *Frauenkirche*, gleich neben dem *Marienplatz*. Dort soll es im Boden einen Abdruck vom Fuß des Teufels geben."
„Gute Idee! Ich kann ja ein paar Fotos machen …"
„Zahlen bitte!" Karl ruft die Kellnerin und bezahlt.
„Also Paola, wir sehen uns dann zu Hause."
„Ja, ist gut. Bis später!"
Draußen hat Paola plötzlich keine Lust mehr, in die *Frauenkirche* zu gehen. Sie dreht sich um und geht die *Rosenstraße* entlang, immer geradeaus. Nach fünf Minuten kommt sie in die *Sendlinger Straße*. Hier gibt es viele Geschäfte. Paola schaut in einige Schaufenster. Karl hatte viel Glück und konnte hier in der Altstadt eine kleine Wohnung im vierten Stock

8 **jemanden aufmuntern** jemanden fröhlich machen

mieten. Die Miete ist nicht zu hoch, und er kann von hier aus zu Fuß ins Präsidium gehen.
„Echt praktisch!", denkt Paola, als sie die Treppen hochsteigt.

*

Am Abend in der Küche will Paola gerade anfangen zu kochen, als
5 Karl anruft. Er kommt später. Paola seufzt. Sie legt das Handy auf den Küchentisch.
„Na gut, dann brate ich eben nur ein Steak für mich. So, noch Salz und Pfeffer drüber und … vielleicht die bayrischen Kräuter … ein bisschen davon."
10 Paola legt das Steak auf einen Teller und setzt sich an den Tisch. Sie probiert ein kleines Stück Fleisch. Erst schmeckt sie gar nichts, dann einen würzigen, bitteren Geschmack, der immer stärker wird. Paola isst noch ein Stück – dann schiebt sie ärgerlich das Steak weg. Vielleicht sind die Kräuter alt, vielleicht ist die Qualität schlecht?

5 **seufzen** so ausatmen, dass man es hört

Es schmeckt nicht gut! Sie isst noch ein wenig Salat und trinkt ein Glas Rotwein. Beim Abwaschen wird ihr auf einmal sehr schlecht. Paola macht das Fenster auf. Die frische Luft tut gut, aber jetzt fühlt sie sich auch <u>schwindelig</u>. Sie hat das Gefühl, dass der Raum sich dreht … immer schneller. Das Herz klopft ihr bis zum Hals.

„Was ist denn los … hoffentlich kommt Karl bald?! Waren die Kräuter nicht in Ordnung? Habe wenig gegessen … Nur keine Aufregung!", überlegt sie.

Paola geht schwankend ins Schlafzimmer und lässt sich aufs Bett fallen. Zuerst ist es im Liegen besser … Plötzlich erschrickt sie. Was sind das für Stimmen? Wer lacht hier? Ist jemand in der Wohnung? Dann merkt Paola, dass die Geräusche aus der Nachbarwohnung kommen.

„Die Wände sind so dünn … dieses Lachen … Hilfe, in meinem Ohr … diese Stimmen … so laut!"

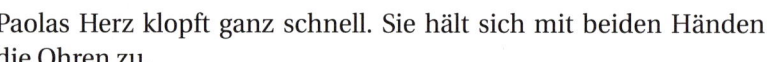

Paolas Herz klopft ganz schnell. Sie hält sich mit beiden Händen die Ohren zu.

---

6 **schwindelig** das Gefühl haben, alles dreht sich – 13 **schwankend** sich beim Gehen nach rechts und links bewegen – 18 **das Geräusch, -e** etwas, das man hören kann

3

„Hey, aufwachen!" Paola wird von Karl sanft am Arm geschüttelt. Sie fasst sich mit einer Hand an den Kopf.

„Oh, lass mich los … mir tut mein Kopf so weh!" Paola zieht sich schnell die Decke über das Gesicht. Das Licht ist heute viel zu hell für sie.

„Möchtest du nicht aufstehen? Dann können wir noch zusammen frühstücken. Ich muss bald wieder zur Arbeit …"

„Nein, ich kann nicht … mein Kopf … diese Schmerzen!", sagt Paola ganz leise.

Karl setzt sich aufs Bett und zieht ganz vorsichtig die Bettdecke weg. „Oje, da hat wohl jemand …!"

„Du meinst wohl … Nein, ich habe nicht zu viel Wein getrunken."

„Ach ja? Als ich gestern Abend nach Hause kam, stand in der Küche eine Flasche Rotwein auf dem Tisch, ein leeres Glas daneben – und meine Freundin schlief tief und fest im Bett … in Hose und Pullover."

„Ich muss eingeschlafen sein … zum Glück. Ein schrecklicher Abend! Ich habe nur ein Glas Wein getrunken … aber dann diese Stimmen … das laute Lachen! Ob die Kräuter …?"

Karl denkt nach. „Hast du davon noch etwas übrig?"

Paola nickt. „Ja, ich habe nur ganz wenig probiert."

„Ich bringe sie ins Labor. Morgen wissen wir, was drin ist. Aber vielleicht bekommst du auch einfach eine Grippe?" Karl steht auf und geht in die Küche. „Wo sind denn die Kräuter?"

„Moment! Ich komme!", antwortet Paola und steht auf. Aber sofort wird ihr wieder schlecht und der Kopf tut noch mehr weh.

---

1 **sanft** vorsichtig, liebevoll – 1 **geschüttelt** → **schütteln** *hier:* jemanden hin- und herbewegen

Sie setzt sich gleich wieder aufs Bett, macht die Augen zu und hält ihren Kopf mit beiden Händen fest.

„Hier, ich habe die Kräuter." Karl steht in der Tür und hält das Tütchen in der Hand. „Kann ich dich wirklich alleine lassen?" Er macht sich Sorgen um seine Freundin.

„Ja, geh nur. Ich bleibe einfach noch ein bisschen im Bett liegen."

„Ich komme auf jeden Fall gegen Mittag zurück. Und wenn irgendetwas ist, ruf mich bitte sofort an!"

Paola nickt. „Ja, mache ich … tschüss dann!"

Aber nach einer Weile wird es ihr langweilig. „Vielleicht wäre ein kleiner Spaziergang gut?", überlegt sie.

Paola steht ganz langsam auf. Sie hat immer noch sehr starke Kopfschmerzen.

„Also, zuerst gehe ich in die Apotheke und kaufe Tabletten", murmelt sie vor sich hin.

Sie zieht ihren Mantel an und verlässt die Wohnung. Zur Apotheke ist es nicht weit.

*

„Servus Karl! Wie geht's?" Georg kommt in ihr gemeinsames Büro.

„Danke, ganz gut. Ich schreibe noch den Bericht zu dem Fall ‚Schneider'. Und wie kommt ihr voran mit …?"

„Ach, das ist eine verrückte Geschichte. Ständig gibt es neue Informationen, aber nichts passt zusammen." Georg legt seine Jacke auf den Stuhl und ein paar Papiere auf seinen Schreibtisch. „Ich muss auch gleich wieder los. Wir haben eine Besprechung. Ich erzähle dir alles, wenn ich zurückkomme."

„Ja, ist gut", sagt Karl.

---

19 murmeln leise und undeutlich sprechen – **22 Servus!** *in M. f.* Guten Tag!

„Ach, dass ich es nicht vergesse! Im *Marstall* spielen sie ein Stück von einem italienischen Autor. Wollen wir heute Abend zusammen hingehen?", fragt Georg.
„Das ist eine gute Idee, aber Paola fühlte sich heute Morgen sehr schlecht. Vielleicht hat sie sich gestern erkältet oder …?"
„Ich muss los! Sag ihr ‚Gute Besserung' und …"
„Ja, … und wegen heute Abend spreche ich noch mit Paola und rufe dich an!", ruft Karl Georg hinterher.

1 **der Marstall** ein Theater in München

4

Die Apotheke ist klein und es ist sehr voll. Paola wird immer wieder von anderen Kunden angerempelt.

Endlich ist sie an der Reihe. Paola stellt ihre Tasche auf den Boden und beugt sich nach vorne.

„Eine Packung Kopfschmerztabletten bitte!", ruft sie einer Apothekerin zu. Um sie herum ist es sehr laut.

Die Apothekerin lächelt, nickt und kommt kurze Zeit später mit einer kleinen blauen Packung zurück.

„Bitte schön! Sonst noch etwas?", fragt sie.

„Nein danke! Was macht das?"

„Sechs Euro neunundvierzig."

Paola bezahlt, nimmt die Tabletten und geht schnell aus der Apotheke. Draußen holt sie tief Luft. Das tut gut. Als sie ihr Portemonnaie und die Tabletten in die Tasche steckt, fühlt sie am Boden ihrer Handtasche eine kleine Tüte. Was ist das? Sie holt das Tütchen heraus – es sind wieder …

„Was soll das denn?", fragt sie sich erschrocken.

Sie macht die Tüte auf und schnuppert. Kein Zweifel, es riecht wie die Kräuter, die sie gestern bei der ‚Kräuterfrau' gekauft hat. Ein kleiner Zettel steckt im Tütchen. „Möchten Sie mehr?", steht

---

3 **angerempelt** → **anrempeln** jemanden anstoßen – 27 **schnuppern** prüfend an etwas riechen

darauf. Paola schaut sich um. Aber sie kann nichts Merkwürdiges
entdecken, niemand beobachtet sie.
Sie geht mit schnellen Schritten zurück in die Apotheke. Dort
drängelt sie sich nach vorne.
„Hey, was soll das? Wir müssen auch warten!", schimpfen einige.
„Entschuldigung, aber …! Kann ich kurz mit Ihnen sprechen?", fragt
sie eine Apothekerin, die gerade Medikamente aus einem Schrank
holt. Die junge Frau merkt, dass Paola sehr aufgeregt ist.
„Sie sehen ja … ich habe wenig Zeit. Aber was kann ich für Sie
tun?"
„Ich habe eben hier Kopfschmerztabletten gekauft. Da muss mir
jemand dieses Tütchen in meine Handtasche gesteckt haben."
Paola zeigt ihr die Kräuter.
„Hm, das sieht aus wie …, aber es riecht merkwürdig süß." Die
Apothekerin schüttelt den Kopf. „Ich kann Ihnen da nicht helfen.
Wir verkaufen so etwas auf jeden Fall nicht. Und jetzt entschuldigen
Sie bitte, die anderen Kunden warten."
Paola verlässt die Apotheke. „Was soll ich jetzt machen? … Ich muss
Karl anrufen …" Sie sucht ihr Handy in ihrer Handtasche. „Wo habe
ich … Oh nein!" Paola ist wütend auf sich selbst. Das Handy liegt
auf dem Küchentisch in der Wohnung.
Sie seufzt. „Na ja, zum Glück ist es nicht weit … und meine
Kopfschmerzen sind auch fast weg."
Plötzlich fühlt Paola sich beobachtet. „War der Mann mit den
braunen Haaren und dem Bart nicht auch in der Apotheke?",
fragt sie sich. Sie bleibt vor einem Geschäft stehen und guckt ins
Schaufenster. Aber der Mann geht einfach hinter ihr vorbei. Nichts
passiert.
„Also, so langsam werde ich wohl nervös." Paola schmunzelt. Sie
läuft weiter und schaut dabei auf den Boden. Plötzlich stößt sie
mit einem alten Mann zusammen. Er hat graue, lockige Haare. Sie
erschrickt.
„Oh, Entschuldigung!", ruft Paola. Der Mann schaut ihr direkt ins
Gesicht. Er sagt gar nichts. Dann dreht er sich um und geht weg.

29 schmunzeln lächeln

„Was soll das denn …?" Paola ist <u>wütend</u>. „Irgendwo habe ich ihn doch schon mal gesehen? Aber wo? In der Apotheke …? Oder war das gestern …? Auf dem *Viktualienmarkt* …? Bei dieser ‚Kräuterfrau' …? Mit der muss ich reden."

*

Karl schaut auf die Uhr. Es ist kurz vor eins. „Schnell die Kräuter ins Labor bringen und dann ab nach Hause."
Als er zur Tür geht, vorbei an Georgs Stuhl, rutscht dessen Jacke auf den Boden. Ein kleines Tütchen ohne Etikett fällt heraus.
„Mensch, das sieht ja genauso aus wie das, das Paola gestern gekauft hat!" Er holt es aus seiner Jackentasche: Beide Tütchen sehen gleich aus!
„Was ist hier eigentlich los? Ich muss unbedingt mit Georg sprechen …", überlegt er. „Nein, zuerst rufe ich Paola an. Acht, sechs, fünf …"
In seiner Wohnung meldet sich niemand. „Schläft sie etwa noch? Nein, das kann nicht sein!"
Schnell wählt er die Handynummer von Paola … nichts. Er macht sich große Sorgen.

5

Auf dem *Viktualienmarkt* entdeckt Paola die ‚Kräuterfrau' sofort. Sie geht mit großen Schritten zu ihr hin. „Also, was haben Sie mir gestern denn für Kräuter verkauft?"

„Was wollen Sie von mir, wer sind Sie?", fragt die ‚Kräuterfrau' mit lauter Stimme. Aber sie schaut erschrocken nach links und rechts. Paola merkt, dass sie Angst hat.

„Sie erinnern sich an mich! Ich habe gestern viel Geld für Ihre Kräuter bezahlt. Und Ihre bayrische Kräutermischung habe ich abends probiert. Danach ging es mir richtig schlecht. Was war da drin?" Die ‚Kräuterfrau' antwortet nicht.

„Und heute Morgen hat mir in der Apotheke jemand ein Tütchen mit diesen Kräutern in meine Tasche gesteckt und auf einem kleinen Zettel stand … Was passiert hier eigentlich?"

„Ich weiß wirklich nicht, wer Sie sind und was Sie von mir wollen. Gehen Sie! Ich hole sonst die Polizei!", sagt die ‚Kräuterfrau'. Sie sieht jetzt richtig wütend aus. Ein paar Passanten bleiben stehen.

„Die Polizei rufe ich schon selbst an." Paola geht weg.

Als sie sich nach einer Weile umdreht, sieht sie, wie die ‚Kräuterfrau' hektisch ihre Körbe in die Hand nimmt und den Markplatz verlassen will.

„Soll ich …?" Paola überlegt.

---

26 **hektisch** nervös, schnell

*

„Georg, hast du kurz Zeit? Ich muss dringend mit dir reden!"
„Hallo Karl, wolltest du mittags nicht nach Hause gehen?"
„Das wollte ich, aber dann ist das hier aus deiner Jacke gefallen."
Karl zeigt Georg das Tütchen mit den Kräutern.
„Ach ja. Das gehört zu meinem neuen Fall. Das sind Drogen, die ein alter Mann in Diskotheken an Jugendliche verkauft. Warum fragst du?"
„Weil Paola das hier gestern auf dem *Viktualienmarkt* von der alten ‚Kräuterfrau' gekauft hat." Karl zeigt ihm Paolas Kräuter.
„Mensch, das ist ein Ding! Das sind ja die gleichen Kräuter!"
„Was ist das überhaupt?", fragt Karl.
„Es ist eine Mischung aus halluzinogenen Kräutern und chemischen Drogen. Woher das Zeug kommt, wissen wir noch nicht. Ein Informant hat uns das Tütchen gegeben", erklärt Georg. „Am besten, wir gehen gleich zum *Viktualienmarkt*. Mal schauen, was die ‚Kräuterfrau' noch verkauft. Kommst du mit, Karl?"
„Nein, jetzt gehe ich schnell nach Hause. Paola geht nicht ans Telefon und nicht ans Handy …"
„Vielleicht macht sie einen Spaziergang …", meint Georg.

---

12 **halluzinogen** verursacht Halluzinationen, man sieht etwas, was es gar nicht gibt – 13 **das Zeug** *Umgangssprache:* die Sachen, die Dinge – 14 **der Informant** eine Person, die der Polizei heimlich Informationen gibt

Die ‚Kräuterfrau' schiebt sich mit ihren schweren Körben mühsam die *Rosenstraße* entlang. Paola geht hinterher. Sie muss aufpassen, dass die alte Frau sie nicht sieht. Plötzlich bleibt die ‚Kräuterfrau' stehen und dreht sich um. Paola kann gerade noch schnell in einem Hauseingang verschwinden.

Dann geht die alte Frau weiter … in die *Sendlinger Straße*.

„Woher weiß sie, dass Karl dort wohnt?", fragt sich Paola.

Aber die alte Frau geht an Karls Wohnhaus vorbei, in Richtung *Sendlinger Tor*. Viele Menschen sind heute hier unterwegs, mit Einkaufstüten. Plötzlich ist die Frau weg. Paola läuft schneller

und entdeckt sie wieder in einer kleinen Straße, die auf einen Hinterhof führt, den *Asamhof*. Es ist sehr ruhig hier. Die alte Frau geht in ein Haus hinein. Paola wartet kurz, dann geht sie hinterher. Im Treppenhaus riecht es süßlich. „Wie die Kräuter …", denkt Paola.

Sie hört, wie die Frau an einer Tür klingelt und jemand öffnet.

„Du bist schon da …?", fragt ein Mann. Er lässt die Frau in die Wohnung. Paola geht leise die Treppen hinauf. Im dritten Stock – an der Wohnungstür steht ‚Maier' – hört sie laute Stimmen …

„Heute ist die Italienerin zurückgekommen. Sie will die Polizei holen. Ich habe Angst!"

17 **der Hinterhof** ein freier Platz hinter den Häusern

„Beruhige dich doch, Helga", sagt der Mann. „Bis jetzt ist alles gut gegangen. Die Jugendlichen kaufen immer mehr! Noch ein oder zwei Monate und wir haben genug Geld … Denk an unsere Pläne, an unseren Traum!"
5 „Was war unser Traum? Kriminell zu werden?", schreit die ‚Kräuterfrau'.
„Natürlich nicht", antwortet der Mann mit lauter Stimme. „Wir wollen zusammen in den Süden gehen … endlich ohne Sorgen leben … nach so vielen harten Jahren … Sonne, Meer … Helga!
10 Das ist unsere letzte Chance! Du darfst jetzt nicht nervös werden!"
„Weißt du, wohin wir beide gehen werden … ins Gefängnis!" Die alte Frau schreit und weint gleichzeitig.
Dann hört Paola, dass sie mit schnellen Schritten zur Tür geht. „Was jetzt?" Sie kann gerade noch rechtzeitig in den vierten Stock laufen.
15 Sie versucht, ganz leise zu sein. Aber ihr Herz klopft …
Die ‚Kräuterfrau' kommt aus der Wohnung und will die Treppen hinunterlaufen.
„Helga, bleib bei mir … bitte!", ruft der Mann.
„Was hast du bloß gemacht, Heinz? Die Frau hat erzählt, dass ihr
20 jemand in der Apotheke ein Tütchen in die Tasche gesteckt hat. Bist du denn verrückt geworden?"
Paola schaut ganz vorsichtig
25 nach unten. „Aber das ist doch der merkwürdige alte Mann, mit dem ich vorher …"

11 **das Gefängnis** ein Gebäude, in dem Verbrecher eingesperrt sind – 14 **rechtzeitig** *hier:* so, dass sie nicht gesehen wird

7

Karl schließt die Tür zu seiner Wohnung auf, er ist ganz außer Atem.
„Paola! Ich bin da. Wo bist du?"
Aber niemand antwortet. Er läuft ins
Schlafzimmer … keine Paola. Vielleicht
im Bad … in der Küche? „Wo kann sie
nur sein?", fragt er sich voller Angst.
„Warum hat sie mich nicht im Büro
angerufen …?"
Karl versucht es noch mal auf ihrem
Handy. Und es klingelt … in der Küche.
Er nimmt das Handy … zwei unbeantwortete Anrufe! Paola ist
schon seit über einer Stunde weg.

*

Der alte Mann geht auf Helga zu und legt ihr die Hand auf den Arm.
„Versteh doch! Als ich die Italienerin heute Morgen in der Apotheke
gesehen habe, dachte ich: Vielleicht kauft sie noch mehr!"
„Ich glaube, du hast einen großen Fehler gemacht!"
„Ja, kann sein. Aber mach dir keine Sorgen, ich überlege mir etwas.
Und jetzt komm bitte wieder rein. Vertrau mir … es wird alles gut."
„Wie denn? Alles ist falsch! Am liebsten würde ich sofort aufhören
mit …" Die ‚Kräuterfrau' fängt wieder an zu weinen.
„Jetzt komm, wir reden in der Wohnung weiter. Es ist nicht gut, wenn
wir hier draußen diskutieren." Der alte Mann schaut sich um.
Paola drückt sich oben schnell wieder gegen die Wand und schließt
die Augen. „Leise … nicht atmen!"
Dann hört sie, wie unten die Tür geschlossen wird. Nach einer Weile
geht Paola vorsichtig und ganz leise die Treppe hinunter … vorbei
an der Wohnung ‚Maier' … Dort ist es jetzt ganz still.
Endlich steht Paola vor dem Haus. Sie rennt los, so schnell sie kann.

---

1 **außer Atem sein** nicht gut atmen können, weil man gerannt ist

8

„Hallo Georg, hier ist Karl. Weißt du schon etwas über die ‚Kräuterfrau'?"
„Sie war nicht auf dem *Viktualienmarkt*!", antwortet Georg.
„Was …? Paola ist auch weg, aber ihr Handy ist hier!" Karl spricht
5 immer lauter.
„Jetzt bleib ruhig! Komm ins Präsidium …"
„Ja, gut – bis gleich!" Karl schreibt einen Zettel und legt ihn auf den Küchentisch.

> Liebe Paola,
> es ist jetzt 14 Uhr. Ich mache mir große Sorgen! Ruf mich bitte sofort an, wenn du nach Hause kommst. Ich muss dir etwas über die Kräuter erzählen.
> Dein Karl

Auf dem Weg zur Wohnungstür hört er, dass jemand von draußen
10 die Tür aufschließen will. Die Tür geht auf und Paola steht vor ihm, völlig außer Atem.
„Du glaubst nicht, was ich …"
„Paola, zum Glück bist du wieder
15 da! Ich habe mir solche Sorgen gemacht. Was ist denn passiert?"

*

„Was für eine Geschichte!", ruft Karl. „Aber du hättest nicht alleine gehen sollen!"
„Jetzt sei deswegen nicht böse, mir geht es ja gut."
„Also, ich muss jetzt erst einmal Georg anrufen und ihm alles erzählen."
Während Karl telefoniert, schaut Paola aus dem Fenster. Sie denkt nach. „Karl, was passiert jetzt mit den beiden?" fragt sie, als Karl fertig ist.
„Sie werden verhaftet und kommen vor Gericht. Was man dort entscheidet, weiß ich nicht."
„Meinst du, sie müssen ins Gefängnis?"
„Ja, sicher."
„Weißt du, Karl, irgendwie tun sie mir auch leid ... Sie hatten einen Traum, sie wollten im Süden miteinander leben und im Alter noch ein paar schöne Jahre zusammen haben."
„Also Paola! Traum hin oder her. Die beiden sind Verbrecher. Und vergiss nicht, wie schlecht es dir gestern Abend ging."
„Du hast ja Recht. Trotzdem ..."

Karl schaut Paola an und lächelt. „Jetzt müssen wir schnell zu Georg. Er hat sicher noch Fragen an dich."
„Ach je! Ich bin ganz kaputt ... Dauert es lange?"
„Nein, ich glaube nicht. Und danach kannst du dich ausruhen."
Paola geht hinter Karl zur Wohnungstür. Auf einem kleinen Tisch liegt ihre Kamera. „Bayrische Kräuter sind eigentlich ein interessantes Thema", denkt sie.

9 **verhaftet** → **verhaften** die Polizei nimmt jemanden fest

Epilog

Georg Edermeister hat den Fall ‚Drogen auf dem Viktualienmarkt' sehr schnell gelöst. Als Dankeschön hat er jetzt eine bessere Stelle: Er ist Polizeioberkommissar.

Helga Maier und ihr Mann **Heinz** sind nach ihrer Zeit im Gefängnis nach Hamburg gezogen. Und Heinz Maier verkauft jetzt Fische auf dem ‚Hamburger Fischmarkt'. Manchmal träumen sie noch von einem Leben im Süden.

Paola Morena und **Karl Knudsen** leben jetzt in Rom. Sie arbeiten zusammen an einem Buch mit dem Titel ‚Kräuter aus aller Welt'. Paola fotografiert und Karl schreibt die Texte.

So sagt man in München

Basst scho.	Das ist in Ordnung.
Bitt' schön?	Bitte schön? *Hier:* Was hätten Sie gern?
Bitt' schön!	Bitte schön! *Hier:* Kommt doch herein!
Kimmt glei.	Kommt sofort.
Servus!	Tschüss! Auf Wiedersehen! *oder* Guten Tag!
Wenn'S nur rumstehn wolln, dann gehn'S wenigstns auf'd Seitn.	Wenn Sie nur herumstehen wollen, dann gehen Sie wenigstens auf die Seite.
Wos hätten'S gern?	Was hätten Sie gern? *oder* Was möchten Sie essen?
Wos is'n so lustig?	Was ist denn so komisch?

Eigene Notizen

Das gibt es bei uns!

① Schauen Sie und hören Sie!
www.muenchen.de

Mit seinen insgesamt 43 Glocken spielt das *Glockenspiel* im Turm des *Neuen Rathauses* täglich um 11 und um 12 Uhr, sowie von März bis Oktober zusätzlich um 17 Uhr. Ein sehr schönes Erlebnis!

② Von hier aus kann man viel sehen!

Die *Frauenkirche* ist das Münchner Wahrzeichen. Kein Gebäude in der Münchner Innenstadt darf höher sein als diese zwei Türme (der Nordturm: 98,57 m; der Südturm: 98,45 m). So hat man einen wunderbaren Blick über die Dächer der Altstadt und bei schönem Wetter kann man sogar die Alpen erkennen. Den Südturm kann man entweder zu Fuß über die Treppe besteigen oder bequem mit dem Fahrstuhl nach oben fahren.

③ **Achtung:** kein Käse!

Wos hätten'S gern?

Ich nehme den Leberkäse.

Leberkäse hat mit Käse gar nichts zu tun. Er besteht aus Fleisch und wird in einer eckigen Form im Ofen gebacken. Man kann den Leberkäse warm in Scheiben essen – auch mit einem Spiegelei – und dazu eine Brezel (Brez'n). In einem Brötchen (Leberkässemmel) kann man ihn auch unterwegs gut essen.

Fragen und Aufgaben zu den einzelnen Kapiteln

Kapitel 1

1 Was ist richtig? Kreuzen Sie an.

1. Wo sind Paola, Karl und Georg?
   A Sie sitzen in einem Wirtshaus in *München*, dem „Viktualienmarkt". ☐
   B Sie sind in einem Geschäft, das „Viktualienmarkt" heißt. ☐
   C Sie stehen auf einem großen Marktplatz in *München*, dem „Viktualienmarkt". ☐

2. Warum möchte Karl in ein Wirtshaus gehen?
   A Er war noch nie in einem echten Wirtshaus. ☐
   B Karl friert, es ist sehr kalt und windig. ☐
   C Er möchte dort seinen Kollegen treffen. ☐

3. Warum möchte Paola auf dem Markt bleiben?
   A Sie möchte ein paar Fotos machen. ☐
   B Sie möchte noch einkaufen. ☐
   C Sie möchte eine Brotzeit probieren. ☐

2 Welche 12 Wörter passen zum Thema „Markt"? Suchen Sie waagerecht und senkrecht.

B	E	Z	A	H	L	E	N	D	G
A	S	L	O	T	Ä	V	ß	R	E
M	T	K	Y	Ö	W	ß	C	A	M
M	A	R	K	T	F	R	A	U	Ü
R	N	Ä	B	O	B	S	T	ß	S
E	D	U	N	C	D	U	B	E	E
D	I	T	K	A	U	F	E	N	Ö
E	B	E	B	R	O	T	E	C	H
N	P	R	E	I	S	Q	F	Ü	R
N	K	H	G	K	O	S	T	E	N

Kapitel 2

1 Was passiert? Bringen Sie die Sätze in die richtige Reihenfolge.

☐ Die drei gehen weiter zum „Donisl".
☐ Zum Abendessen brät Paola sich ein Steak. Und sie probiert die neuen Kräuter.
☐ Paola und Karl bestellen Weißwürste, Brezeln und Bier.
☐ Paola zeigt Karl die Kräuter und erzählt ihm von der Kräuterfrau.
☐ 1 Paola, Karl und Georg gehen zum *Neuen Rathaus*.
☐ Paola ärgert sich jetzt, weil sie die Kräuter gekauft hat.
☐ Karl muss zur Arbeit gehen und Paola geht alleine nach Hause.
☐ Die Kräuter schmecken gar nicht. Und plötzlich wird ihr sehr schwindelig. Ihr Herz klopft …
☐ Georg bekommt einen Anruf, er muss dringend zurück ins Präsidium.

2 Wie ist die richtige Antwort? Kreuzen Sie an.

1. Wo ist das *Neue Rathaus*?
   - **A** Am *Viktualienmarkt* ☐
   - **B** Am *Marienplatz* ☐
   - **C** Bei der *Frauenkirche* ☐

2. Wann spielt das Glockenspiel?
   - **A** Um 12 Uhr mittags. ☐
   - **B** Jeden Tag um 15 Uhr. ☐
   - **C** Morgens um 11 Uhr und abends um 23 Uhr. ☐

3. Was ist eine typische Münchner Mahlzeit?
   - **A** Gemüsesuppe mit Brezeln. ☐
   - **B** Weißwürste mit Brezeln. ☐
   - **C** Käse mit Brezeln. ☐

3 Drei Ereignisse sind falsch. Notieren Sie.

> Paola geht alleine nach Hause. • Paola besucht die Frauenkirche. • Sie kocht das Essen. • Paola probiert die Kräuter. • Paola mag das Essen. • Paola wäscht ab. • Paola wird schwindelig. • Zwei Teller gehen kaputt. • Paola bekommt Herzklopfen und hört alle Geräusche sehr laut. • Sie geht in das Schlafzimmer.

1. _____
2. _____
3. _____

Kapitel 3

1 Richtig (👍) oder falsch (👎)?
Kreuzen Sie an.

1. Paola hat am Morgen starke Kopfschmerzen. ☐ ☐
2. Sie hat abends zu viel Wein getrunken. ☐ ☐
3. Karl glaubt, dass sie vielleicht eine Grippe bekommt. ☐ ☐
4. Karl nimmt die Kräuter mit ins Büro. Er möchte sie analysieren lassen. ☐ ☐
5. Karl und Paola gehen zusammen zur Polizei. ☐ ☐
6. Georg und Karl treffen sich im Büro und verabreden sich für das Theater am Abend. ☐ ☐

2 Was passt? Ordnen Sie zu.

> die Apotheke • die Kräuter •
> die Kopfschmerzen • das Labor • erkältet

1. Dort arbeiten Wissenschaftler und analysieren Stoffe. _____
2. Man hat Schnupfen und fühlt sich krank. _____
3. Der Kopf tut weh. _____
4. Ein Geschäft, in dem man Medikamente verkauft. _____
5. Pflanzen, mit denen man das Essen würzt. _____

Kapitel 4

1 Was denken Sie? Beantworten Sie die Fragen.

1. Wie kommen die Kräuter in Paolas Handtasche?

_____

_____

_____

2. Was möchte Paola der ‚Kräuterfrau' vom *Viktualienmarkt* sagen?

_____

_____

_____

2 Ergänzen Sie den Text.

> Angst • Tabletten • Möchten • angerempelt • verfolgt • nervös • Mann • lockigen • wütend • nichts • Handtasche

Paola geht in die Apotheke. Sie hat starke Kopfschmerzen, deshalb möchte sie _____ kaufen. In der Apotheke ist es sehr voll. Paola ist froh, als sie endlich wieder draußen ist. Als sie die Tabletten einstecken möchte, merkt sie, dass sie ein neues Tütchen Kräuter in der _____ hat. Ein kleiner Zettel ist dabei: „_____ Sie mehr?" steht darauf. Erschrocken schaut sich Paola um – aber sie sieht niemanden. „Ich muss Karl anrufen!", denkt sie und geht nach Hause. Plötzlich hat sie das Gefühl, dass jemand sie _____ ... Paola bekommt _____ und wartet. Aber nichts passiert. Sie muss lachen. „Langsam werde ich wohl _____!", denkt sie. Als sie weitergeht, wird sie _____: Ein alter _____ mit grauen, _____ Haaren steht vor ihr, sagt _____ und geht weg. Paola ist _____. Sie versteht nicht, was hier passiert.

Kapitel 5

1 Was passt? Kreuzen Sie an.

1. Warum sucht Paola die ‚Kräuterfrau'?
   A Sie möchte wissen, wo die Frau wohnt. ☐
   B Sie möchte wissen, was das für Kräuter sind. ☐
   C Sie möchte noch mehr Kräuter kaufen. ☐

2. Warum möchte die ‚Kräuterfrau' nicht mit Paola reden?
   A Sie kann sich nicht an Paola erinnern. ☐
   B Sie hat keine Zeit und will gerade gehen. ☐
   C Sie hat Angst vor Paola. ☐

3. Was passiert dann?
   A Paola ruft die Polizei. ☐
   B Paola beschließt, der ‚Kräuterfrau' zu folgen. ☐
   C Die ‚Kräuterfrau' möchte später alleine mit Paola reden. ☐

2 Der Dialog ist durcheinander. Finden Sie die richtige Reihenfolge.

[1] „Georg, hast du kurz Zeit? Ich muss dringend mit dir reden."
☐ „Das wollte ich, aber dann ist das hier aus deiner Jacke gefallen."
☐ „Was ist das überhaupt?"
☐ „Ach ja, das gehört zu meinem neuen Fall. Das sind Drogen, die ein alter Mann in Diskotheken an Jugendliche verkauft. Warum fragst du?"
☐ „Mensch, das ist ein Ding! Das sind ja die gleichen Kräuter!"
☐ „Hallo Karl, wolltest du mittags nicht nach Hause gehen?"
☐ „Weil Paola das hier gestern auf dem *Viktualienmarkt* gekauft hat."
☐ „Es ist eine Mischung aus halluzinogenen Kräutern und chemischen Drogen."

Kapitel 6

1 Finden Sie die richtige Antwort.

1. Wo versteckt sich Paola im Haus?

   _____

   _____

   _____

2. Wie fühlt sich Paola?

   _____

   _____

3. Wo hat Paola den alten Mann schon gesehen?

   _____

   _____

Kapitel 7

1 Welche vier Wörter kommen in dem Kapitel nicht vor? Streichen Sie.

> Stuhl • Fehler • E-Mail • Küche • Angst • Treppe • Wand • drücken •
> weinen • leise • Apotheke • atmen • still • diskutieren • draußen •
> rennen • schreien • Arm • lesen • Anrufe

2 Erklären Sie die Wörter.

1. das Handy

   _____

2. unbeantwortet

   _____

3. atmen

   _____

4. die Wand

   _____

5. vorsichtig

   _____

Kapitel 8

1 Wie ist die richtige Reihenfolge?

- ☐ Georg erzählt Karl, dass die ‚Kräuterfrau' weg ist.
- ☐ Plötzlich hört Karl etwas an der Tür: Paola kommt nach Hause.
- ☐ Paola und Karl fahren ins Präsidium zu Georg.
- ☐ Paola erzählt Karl die Geschichte von der ‚Kräuterfrau'.
- ☒ Karl ruft Georg an und fragt nach der ‚Kräuterfrau'.
- ☐ Paola tun die beiden alten Leute leid.
- ☐ Karl möchte schnell ins Präsidium gehen und schreibt Paola einen Zettel.

Fragen und Aufgaben zum gesamten Text

1 Sie kennen nun alle Personen. Was passt zu wem?

Paola Morena   Georg Edermeister

Karl Knudsen   ‚Kräuterfrau'

1. Er ist neu in *München* und versteht kaum Bayrisch. _____
2. Sie ist sehr neugierig und offen. _____
3. Er kommt aus *München* und hilft anderen gern. _____
4. Jeden Tag steht sie auf dem *Viktualienmarkt*. _____
5. Er arbeitet an einem neuen Fall. _____
6. Er mag keine Kälte und isst sehr gerne. _____
7. Sie fotografiert sehr gerne – beruflich und privat. _____
8. Sie möchte mit ihrem Mann im Süden leben. _____
9. Sie denkt: „Bayrische Kräuter sind ein interessantes Thema." _____

2 Was denken Sie? Kreuzen Sie an.

	nein	ja	vielleicht
1. Würden Sie eine bayrische ‚Brotzeit' probieren?	☐	☐	☐
2. Würden Sie in ein typisches Wirtshaus gehen?	☐	☐	☐
3. Würden Sie sich das Glockenspiel anhören?	☐	☐	☐

Lösungen

Fragen und Aufgaben zu den einzelnen Kapiteln

Kapitel 1
1 1. C, 2. B, 3. A

2 **waagerecht:** bezahlen, Marktfrau, Obst, kaufen, Brote, Preis, kosten
   senkrecht: reden, Stand, Kräuter, draußen, Gemüse

Kapitel 2
1 2, 8, 4, 5, 1, 6, 7, 9, 3

2 1. B, 2. A, 3. B

3 1. Paola besucht die Frauenkirche.
   2. Paola mag das Essen.
   3. Zwei Teller gehen kaputt.

Kapitel 3
1 1. 👍, 2. 👎, 3. 👍, 4. 👍, 5. 👎, 6. 👎

2 1. das Labor, 2. erkältet, 3. die Kopfschmerzen, 4. die Apotheke, 5. die Kräuter

Kapitel 4
1 *Persönliche Meinung*

2 Tabletten, Handtasche, Möchten, verfolgt, Angst, nervös, angerempelt, Mann, lockigen, nichts, wütend

Kapitel 5
1 1. B, 2. C, 3. B
2 1, 3, 7, 4, 6, 2, 5, 8

Kapitel 6
1 *Möglichkeit:* 1. Sie versteckt sich im vierten Stock und drückt sich gegen die Wand.
   2. Sie hat Angst. Ihr Herz klopft.
   3. Sie ist auf dem Weg nach Hause von dem alten Mann angerempelt worden. Er war auch in der Apotheke – und am Tag vorher auch auf dem Viktualienmarkt, als Paola die Kräuter gekauft hat.

Kapitel 7
1 Stuhl, E-Mail, schreien, lesen

2 *Möglichkeit:* 1. ein Mobiltelefon,
   2. man ist bei einem Telefonanruf nicht ans Telefon gegangen oder hat auf einen Brief keine Antwort geschrieben,
   3. Luft durch die Nase und den Mund in den Körper ziehen und wieder von sich geben, 4. eine Mauer in einem Haus, 5. man versucht, ganz leise zu sein und nichts kaputt zu machen

Kapitel 8
1 2, 4, 7, 5, 1, 6, 3

Fragen und Aufgaben zum gesamten Text

1 1. Karl Knudsen, 2. Paola Morena,
   3. Georg Edermeister, 4. Kräuterfrau,
   5. Georg Edermeister, 6. Karl Knudsen,
   7. Paola Morena, 8. Kräuterfrau,
   9. Paola Morena

2 *Persönliche Meinung*

Bildquellen

S. 8 © Imago Stock & People (Imago), Berlin; S. 9 © mediaskill OHG Bild-maschine (Christian Ammer), Berlin; S. 10 © Pixelio.de (Christine Braune), München; S. 11 © Fotolia LLC (Bernd Kröger), New York; S. 14 © Ullstein Bild GmbH, Berlin; S. 16 © Pixelio.de (Jürgen Heimerl), München; S. 17 © Fotolia LLC (HLPhoto), New York; S. 18 © Imago Stock & People, Berlin; S. 19 © Picture-Alliance, Frankfurt; S. 36 links © Pixelio.de (Birgit Winter), München; S. 36 rechts © Pixelio.de (H.La.), München; S. 36 unten © Fotolia LLC (Oliver Raupach), New York; S. 37 oben © Fotolia LLC (HLPhoto), New York; S. 37 unten © Fotolia LLC (Franz Pfluegl), New York; S. 38 © Pixelio.de (Christine Braune), München; S. 39 © Fotolia LLC (HLPhoto), New York; S. 40 © Pixelio.de (H.La.), München

Weitere Hefte in der Reihe:

Kalt erwischt in Hamburg
ISBN 978-3-12-556001-7

Der Schützenkönig vom Chiemsee
ISBN 978-3-12-556002-4

Verschollen in Berlin
ISBN 978-3-12-556033-8

Die Loreley lebt!
ISBN 978-3-12-556004-8

Das Auge vom Bodensee
ISBN 978-3-12-556009-3

Die Lerche aus Leipzig
ISBN 978-3-12-556010-9

Gefährliches Spiel in Essen
ISBN 978-3-12-556011-6

Wiener Blut
ISBN 978-3-12-556021-5

Das Herz von Dresden
ISBN 978-3-12-556020-8

Frankfurter Geschäfte
ISBN 978-3-12-556022-2

Böses Erwachen in Heidelberg
ISBN 978-3-12-556023-9